O que é preciso saber sobre os
SACRAMENTOS

DOM ANTÔNIO AFONSO DE MIRANDA, SDN
(Bispo Emérito de Taubaté)

O que é preciso saber sobre os SACRAMENTOS

SANTUÁRIO

Direção editorial:
Pe. Marcelo C. Araújo, C.Ss.R.

Revisão:
Luana Galvão

Coordenação editorial:
Ana Lúcia de Castro Leite

Diagramação:
Bruno Olivoto

Copidesque:
Leila Cristina Dinis Fernandes

Capa:
Junior dos Santos

ISBN 85-7200-991-4

1ª edição: 1998

28ª impressão

Todos os direitos reservados à **EDITORA SANTUÁRIO** – 2023

Rua Pe. Claro Monteiro, 342 – 12570-045 – Aparecida-SP
Tel.: 12 3104-2000 – Televendas: 0800 - 0 16 00 04
www.editorasantuario.com.br
vendas@editorasantuario.com.br

SACRAMENTOS E MISTÉRIOS

Antes de tudo, busquemos entender a diferença e a semelhança que existem entre **sacramento** e **mistério**.

Parece que essas palavras significam a mesma coisa. E de algum modo se confundem. Como anotou já outrora o "Catecismo do Concílio de Trento", **sacramento** foi palavra usada pelos padres latinos "para exprimir coisa sagrada e estritamente oculta", enquanto entre os padres gregos a mesma realidade se designava por **mistério**.[1]

Entretanto, há diferença substancial entre os dois conceitos. Convém clareá-los.

OS MISTÉRIOS

A palavra "mysterion" usada pelo Apóstolo Paulo em suas epístolas "indica o plano salvífico de Deus, em si oculto, que Deus revela e participa àqueles a quem dá a graça".[2]

---

[1] *Catéchisme du saint Concile de Trente* — Ed. Desclée et Cie, Paris, 1936, II P. Cap. 14, p. 170.
[2] P. Neuentzeit, em *Dicionário de Teologia*, Ed. Loyola, 1971, vol. V, p. 128, verbete *Sacramento*.

Poderíamos dizer que mistérios são **realidades invisíveis**, impenetráveis, que colocam Deus em relação com os homens, quando ele se revela, sempre em ordem ao plano salvífico. O próprio Deus que se revela é mistério.

Toda vez, onde e como Deus entra em contato com os homens, ele o faz em ordem ao plano da salvação. E aí está o **mistério**.

A **Santíssima Trindade** é mistério, enquanto Deus entra em relação com os homens, revelando-se como Pai, Filho e Espírito Santo. A **Encarnação** é mistério enquanto, nela, Deus entra em relação com os homens assumindo o próprio ser humano, que se une substancialmente ao Verbo. "E o Verbo se fez carne e habitou entre nós" (Jo 1,14). A **Redenção** é mistério enquanto, nela, Deus redime os homens, realiza para eles a salvação no sangue de Cristo. "Sabeis que fostes redimidos, não pelo ouro ou pela prata, mas pelo precioso sangue de Cristo" (1Pd 1,18). A **Igreja** é mistério porque, nela, Deus entra em relação com os homens, tornando-os povo eleito, santo, sacerdócio real, capaz de cultuá-lo dignamente (cf. 1Pd 2,9). A **Graça**, dom de Deus que santifica o homem no Espírito Santo, é mistério porque, nela, o homem se torna de algum modo "partícipe da natureza de Deus" (2Pd 1,4).

E assim por diante. Os mistérios (modos impenetráveis de Deus se comunicar com os homens e de os homens se unirem a Deus) são numerosíssimos. Sua lista é quase infinita.

Entre eles se incluem também os **sacramentos**, os sete sacramentos que a Igreja nos oferece e que nos põem em comunicação com Deus e realizam o plano salvífico.

Mas, se os sacramentos são **mistérios**, todos os mistérios não são, estritamente, **sacramentos**. É o que dilucidaremos em seguida.

OS SACRAMENTOS

Específico do sacramento é que seja um **sinal sensível e significativo da realidade invisível** de comunicação com Deus. Assim, o sacramento é sempre algo **palpável, visível, externo**.

Tais são os sete sacramentos: Batismo, Confirmação, Penitência, Eucaristia, Matrimônio, Unção dos Enfermos e Sacramento da Ordem. Todos são **sinais sensíveis, concretos**, da realidade invisível e mistérica da união dos homens com Deus.

Os **mistérios** — A Trindade, a vida de Deus, a Graça — não são em si mesmos sinais sensíveis da comunicação com Deus. E, quando se tornam sensíveis, palpáveis — como a Encarnação e a Redenção —, podem dizer-se também sacramentos.

Todo sinal sensível que leva à comunicação com Deus invisível é sacramento. É **sinal** da grande realidade que Deus comunica aos homens.

Talvez seja útil relembrar o ensinamento de SANTO AGOSTINHO, para tornar mais acessível esta doutrina.

O sacramento é sempre **sinal**. E eis como AGOSTINHO explica o que é um sinal: "O sinal é qualquer coisa que, para além do objeto que ele nos apresenta aos sentidos, faz-nos pensar numa outra coisa diferente dela mesma. Assim, quando encontramos passos marcados no chão, concluímos que alguém ali passou e por ali deixou suas pegadas".[3]

É isto o sacramento. Completa o santo Doutor: "O sacramento é o sinal de uma coisa sagrada, ou, por outras palavras, um sacramento é o sinal sensível de uma graça invisível, instituído para nossa salvação".[4]

Onde se dá um sacramento, ali está a marca de Deus que passa, vindo ao encontro do homem. Esta marca é a graça, que santifica, eleva e sobrenaturaliza o homem.

RESUMINDO

1. Os **mistérios** são **realidades invisíveis** de Deus que se revela: a Trindade, a Encarnação, a Redenção, a Graça etc.

2. Os **sacramentos** são **sinais sensíveis** da **comunicação com Deus** e que a Igreja nos confere: o Batismo, a Confirmação, a Eucaristia, a Penitência, a Unção dos Enfermos, o Matrimônio e a Ordem.

Os mistérios convidam-nos à **fé** em Deus.

Os sacramentos conferem-nos a **graça** de Deus.

---
[3] *De doctrina Christi*, I, 2.
[4] In *Ioanem*, Tract. 80.

SACRAMENTOS, SINAIS MISTÉRICOS POR INSTITUIÇÃO DO SENHOR

Para se entender melhor os sacramentos, é bom atentar para os aspectos de sacralidade das coisas.

As coisas podem considerar-se sagradas sob tríplice aspecto:

1. Sob o aspecto **afetivo**, pelas circunstâncias que evocam.

2. Sob o aspecto **religioso natural**, vista a relação que têm com Deus.

3. Sob o aspecto **religioso sobrenatural e mistérico**, pela eficácia que têm de unir o homem a Deus, operando-lhe a salvação.

Nesse tríplice sentido, as coisas se tornam sinais e símbolos significativos de realidades transcendentes. E podem, por isso, ser chamadas sacramentos. Mas só no terceiro aspecto, **sobrenatural** e **mistérico**, é que elas são, estrita e teologicamente, os **Sacramentos**.

A SACRALIDADE AFETIVA

Você pode olhar uma coisa tal qual ela é materialmente. E você pode vê-la transcendendo para além dela, para aquilo que ela significa e evoca. Se você recebe um ramalhete de flores, você pode ver só as flores, brancas ou vermelhas. Mas você pode lançar o olhar para além delas e ver a amizade e o afeto de quem as ofertou.

É sagrado para você o velho relógio que seu pai lhe deixou. Sagrada é a aliança, que sua mãe trazia no dedo quando expirou.

Deve-se, pois, dizer que as coisas, além do que são em si mesmas, não raro significam, simbolizam, são sinais de realidades que alguém nelas imprime.

Assim, muitas coisas encerram uma "sacralidade", porque se transfiguram, pela percepção do afeto, em coisas sagradas. Dir-se-iam sinais e símbolos que alguém, que nos ama, instituiu e dos quais nos apercebemos.

A SACRALIDADE RELIGIOSA

Muito mais que ao nível do afeto, as coisas — quase todas — podem ser vistas sob a ótica da relação que têm com Deus.

Você pode transcender da beleza de uma flor para a grandeza do Criador que a fez. Você pode ir além do brilho das estrelas até ao infinito da luz incriada que as precedeu e iluminou.

Todo o universo está repleto de Deus. É sinal, é evocação de um Senhor que é Pai. "Diante de Deus — dizia SANTO IRINEU — nada é vazio. Tudo é sinal de sua presença."[1]

Por isso, Paulo afirmou, na Epístola aos Romanos, que "desde a criação do mundo, as perfeições invisíveis de Deus, o seu sempiterno poder e divindade tornam-se visíveis à inteligência através das coisas criadas" (Rm 1,20).

E Puebla nos lembra: "Toda a criação é de certa forma sacramento de Deus, porque no-lo revela".[2]

A SACRAMENTALIDADE SOBRENATURAL E MISTÉRICA

Até aqui falamos da sacramentalidade **figurada**, não da sacramentalidade **teológica**, **mistérica**, que Cristo instituiu e a Igreja assume em sete sinais determinados para conferirem os dons da graça divina.

Só figuradamente se pode dizer: "Tudo é sacramento ou pode tornar-se. Depende do homem e de seu olhar".[3] "Quando as coisas despertam saudades e fazem brotar, no coração, a memória do amor e do desejo da volta, dizemos que são **sacramentos**. Sacramento é isto: sinal visível de uma ausência, símbolo que nos faz pensar em retorno."[4]

---

[1] *Advesus hoereses*, 4, 21.
[2] PUEBLA, n. 920.
[3] LEONARDO BOFF — *Os sacramentos na vida e a vida dos sacramentos* — Vozes, Petrópolis, 1975, p. 24.
[4] RUBEM ALVES — *Creio na ressurreição do corpo* — CEDI Centro Ecumênico de Documentação e Informações, Rio de Janeiro, 1984, 2ª ed., p. 8.

As coisas, os seres, são sinais, são símbolos. Podem denominar-se **sacramentos na ordem natural**.

Mas o sentido estrito, teológico, dos sacramentos que a Igreja nos apresenta não é só isto. Os sete sacramentos são sinais repletos de conteúdo mistérico, de participação da vida salvífica, que Cristo nos trouxe por sua graça.

Eles são prenhes do Espírito Santo, que eleva as coisas com que se fazem (pão, vinho, água, óleo) e as pessoas (esposos, sacerdotes, doentes) a um plano sobrenatural de santificação.

RESUMINDO

Sacramento é sinal e símbolo que, por instituição, une a Deus. Mas os sinais e símbolos podem ser instituídos ou assumidos:

1. Pelos homens, no plano **afetivo** e no plano da **religiosidade natural**.

2. Por Deus, no plano **mistérico e sobrenatural**, como sinais eficazes da graça.

Só estes últimos — em número de sete — são, teológica e estritamente, **Sacramentos da Igreja**.

OS SACRAMENTOS, SUA FONTE, SUA FORÇA E SEU CANAL

Os sacramentos são sinais, são símbolos, são celebrações. Mas a eles Cristo, por divina instituição, ligou a força do Espírito Santo, para santificar os que os recebem dignamente.

Eles se realizam com elementos naturais: água no Batismo, pão e vinho na Eucaristia, óleo na Unção dos Enfermos e dos Sacerdotes. Ou se efetivam através de gestos e ações, como na Penitência e no Matrimônio.

Mas a estes elementos e atos juntam-se a força e a graça do Espírito Santo, porque assim o quis o Senhor, que enviou este Espírito à Igreja.

Há, portanto, na essência dos Sacramentos, três realidades a considerar:

1. A sua **fonte**, que é o próprio Cristo. Verbo de Deus que se fez homem.

2. A sua **força**, que é o Espírito santificador.

3. O seu **canal**, que é a Igreja.

JESUS CRISTO, SACRAMENTO ORIGINAL DA GRAÇA

Não se pode esquecer a noção fundamental: sacramento é **sinal sensível da realidade invisível, que é união com Deus**. Tal é Cristo em sua condição de DEUS-HOMEM. Ele é, substancialmente, o primeiro e grande sinal de Deus e da união dos homens com Deus. Ele é o **sacramento substancial e fontal**, como dizem os teólogos.

O Documento de Puebla nos lembra: "Cristo é imagem do Deus invisível" (Cl 1,15). Como tal, é sacramento primordial e radical do Pai: "Aquele que me viu, viu o Pai" (Jo 14,9).[1]

Jesus, em sua humanidade santa, é o sacramento superior da graça. Foi desta humanidade que se originou, em sua vida, cura e santificação para os homens. "Todo o povo procurava tocá-lo, pois saía dele uma força que os curava a todos" — conta o Evangelho (Lc 6,19).

Não se trata de eflúvios magnéticos ou de emanações parapsíquicas. Trata-se da própria força de Deus, pois Jesus Cristo era o próprio Deus. Por isso, ele pôde comunicar a seres materiais, que usou, virtualidades divinas. Foi assim quando "cuspiu no chão, fez um pouco de lodo com a saliva e com o lodo ungiu os olhos do cego" e o curou (Jo 9,6).

---

[1] PUEBLA, n. 921.

Qual é, pois, a origem da virtualidade dos sinais sacramentais? É Cristo Deus Homem, Sacramento original de toda a graça.[2]

É certamente neste sentido que o Concílio de Trento definiu que Cristo instituiu os sete sacramentos. A melhor exegese não pode encontrar nos Evangelhos textos para comprovar que Jesus instituiu, diretamente, cada rito sacramental. Em que sentido, então, se pode entender a definição tridentina?

É que, "como se esclarece lidimamente dos protocolos e das atas do Concílio, entendeu o termo instituir no seguinte sentido: é Jesus Cristo que confere eficácia ao rito celebrado. Não quis definir a instituição do rito, mas a força salvífica do rito, que não provém da fé do fiel ou da comunidade, mas de Jesus Cristo presente".[3]

O ESPÍRITO SANTO, FORÇA SANTIFICANTE

Nunca compreenderemos os sacramentos e sua íntima ligação com a Igreja se nos esquecermos do Espírito Santo, que foi enviado como vida e alma da própria Igreja.

É este Espírito que tudo realiza na Igreja em ordem à santificação. "O Espírito habita na Igreja e nos corações

---

[2] Riquíssimo, a propósito, o ensino de SANTO TOMÁS na *Suma Theologiae,* IIIa P., Q. 64, art. 3, in corpore.
[3] LEONARDO BOFF — Os sacramentos da vida e a vida dos sacramentos, ed. cit., p. 63.

dos fiéis como num templo (cf. 1Cor 3,16; 6,19)" – diz-nos o Concílio Vaticano II. E depois: "Ele rejuvenesce a Igreja, renova-a perpetuamente e leva-a à união consumada com seu Esposo".[4] "É Ele quem opera a distribuição das graças e dos ministérios, enriquecendo a Igreja de Jesus Cristo com diferentes dons, 'a fim de aparelharem os santos para a obra do ministério da edificação do corpo de Cristo' (Ef 4,12)."[5]

Pode-se afirmar com precisão teológica que a Igreja vive pelo Espírito e que este atua em cada membro da Igreja, normalmente, através dos sacramentos.

Só está espiritualmente unido à Igreja quem vive a vida de seu Espírito. Só está corporalmente na Igreja quem participa dos seus sacramentos.

COMO O ESPÍRITO ATUA NOS SACRAMENTOS

Em cada sacramento o Espírito Santo age com uma graça específica: purifica o fiel e o insere na Igreja pelo Batismo; confirma-o na fé e lhe dá seus dons e carismas na Confirmação; perdoa-o e o fortalece na Penitência; une-o ao corpo e sangue de Cristo e a seu Sacrifício na Eucaristia; estreita a união de amor do homem e da mulher, à semelhança de Cristo unido à humanidade, no Matrimônio; conforma o homem

---
[4] LG n. 4.
[5] UR n. 2.

à função pontifical de Cristo pela Ordem; alenta o doente e o une ao Cristo sofredor e ressuscitado na Unção dos Enfermos.

Concluindo: os sacramentos são, exteriormente, ritos e sinais de santificação; mas o Espírito Santo é que, interiormente, é a sua força santificadora.

A IGREJA, CANAL DOS SACRAMENTOS

Os sacramentos foram instituídos por Cristo, porque é nele que têm a sua origem. Mas foram dados à Igreja, para que ela distribua a vida da graça ao mundo.

Ordinariamente, fora da Igreja não há salvação. Porque a salvação é dispensada através dos sacramentos, sinais eficazes da graça. E os sacramentos só existem na Igreja e por obra do seu ministério.

"A Igreja é feita pelos sacramentos, que fluíram do lado de Cristo pendente da cruz" – ensina SANTO TOMÁS.[6]

Assim, a Igreja é o manancial único dos sacramentos. E, através deles, canal da graça e da salvação.

É por isso que ela também, eminentemente, é sacramento. O Concílio Vaticano II a denomina, em diversos documentos, "sacramento universal da salvação".[7]

---

[6] "Per sacramenta quae de latere Christi pendentis in cruce fluxerunt, dicitur esse fabricata Ecclesia", *Summa Theologiae*, Q. 64, art. 2.
[7] Cf. LG 1, 9, 48; GS 42, 45; SC 5, 26; AG 1, 5.

Como Cristo é o **sacramento superior da graça**, a Igreja pode dizer-se, depois de Cristo, o **sacramento eminente da graça** para todo o mundo.

Enfim, os sacramentos só se entendem na Igreja, pois pertencem a ela, para que ela os distribua.

"Os sacramentos todos vêm de Jesus Cristo quanto à sua substância e ao seu significado mais profundo. Mas Cristo deixou à sua Igreja a liberdade e autoridade para determinar o modo de sua celebração e a explicitação de seu significado total. A Igreja é a matriz e a guardiã deste tesouro que o divino mestre lhe confiou para o bem dos homens. Por isso na celebração dos sacramentos é indispensável a união com ela. E deve-se fazer o que ela faz e determina, assim como se deve ter a intenção de realizar o que ela faz."[8]

RESUMINDO

1. Deus tornou-se visível em Cristo, sacramento do Pai.

2. Cristo torna-se visível na Igreja, "sacramento universal da salvação".

3. A Igreja faz-se visível e sensível nos sacramentos, que atuam pela força do Espírito Santo.

4. Cristo é fonte dos sacramentos. O Espírito Santo, a sua força santificadora. A Igreja, o seu canal.

---

[8] ARQUIDIOCESE DE SÃO PAULO – *Diretório dos Sacramentos,* Ed. Paulinas, p. 28.

OS SACRAMENTOS, SUA CONSTITUIÇÃO E SEUS EFEITOS

Depois dos esclarecimentos que precedem, é conveniente estudar os sacramentos em sua **constituição** e em seus **efeitos**.

Eles são **sinais**, como vimos. Como se constituem estes sinais?

Eles são **sinais mistéricos do sobrenatural**. Que efeitos produzem, então, nos que os recebem?

A essas perguntas é que vamos responder agora.

MATÉRIA E FORMA DOS SACRAMENTOS

Quando se diz que os sacramentos são sinais e símbolos, é preciso lembrar, mais uma vez, que os sacramentos na Igreja não são sinais e símbolos como tantas coisas no plano natural o são.

A bandeira é um sinal e símbolo da Pátria. O anel no dedo esquerdo é sinal e símbolo do casamento. Assim acontece por convenção dentre os homens.

Os sacramentos na Igreja são sinais e símbolos eficazes da graça divina. Significam e conferem a graça na ordem sobrenatural. E isto neles acontece pela ação de Deus.

Por isso, diferentemente dos sinais naturais, os sacramentos possuem um **conteúdo divino**. Não são somente coisas que significam e evocam algo, mas coisas que, além de significar e evocar, recebem do alto **virtualidade sobrenatural**, expressa por palavras que se juntam ao elemento material. São essas palavras que têm uma força divina, porque pronunciadas por Ministros consagrados, que fazem as vezes de Cristo.

Os sinais sacramentais se constituem, portanto, de elementos materiais e de palavras pronunciadas em nome de Deus e com poder vindo de Deus.

SANTO AGOSTINHO, falando a respeito do Batismo, disse: "Tire a palavra. Que é então a água senão água? Acrescente a palavra ao elemento, e eis que surge o sacramento!".[1]

Diz-se, por isso, que o sacramento supõe **matéria** e **forma**. Ensina o "Catecismo de Trento": "Com efeito todo sacramento se compõe de duas coisas, uma que é como a matéria e que se chama elemento; outra que é a forma e que consiste nas palavras. Assim o ensinamento dos Pa-

---
[1] *Sermão sobre o Ev. de João,* Tract. 80, 3.

dres, e particularmente de Sto. Agostinho, com estes dizeres que todo o mundo conhece: 'A palavra se une ao elemento e realiza-se o sacramento'. Por conseguinte, sob o nome de coisas sensíveis, os Sacramentos encerram, primeiro a matéria ou elemento, como a água no Batismo, o crisma na Confirmação, o óleo santo na Extrema Unção,[2] todas as coisas que caem sob o sentido da vista; a seguir, as palavras, que são como a forma e se dirigem ao sentido da audição. É o que o Apóstolo indica mui claramente, quando diz: 'Jesus Cristo amou a sua Igreja e entregou-se por ela, a fim de a santificar, purificando-a no batismo da água pela palavra da vida' (Ef 5,25-26). Nessa passagem, a matéria e a forma estão nitidamente expressas".[3]

OS EFEITOS DOS SACRAMENTOS

Devido à virtualidade divina que as palavras de um ministro que age em nome de Cristo imprimem à matéria, os sacramentos produzem nos que os recebem efeitos sobrenaturais.

Estes efeitos são de duas configurações, que a teologia chama: **graça e caráter**.

---
[2] Hoje denominada *Unção dos Enfermos.*
[3] *Catéchisme du saint Concile de Trento,* 6ª ed. cit. p. 181.

Todos os sacramentos produzem a **graça**, cada um a graça que lhe é própria. E alguns produzem, anexa à graça apropriada, uma configuração específica da pessoa com Cristo, configuração que se chama **caráter**. Expliquemos melhor cada um destes termos.

A GRAÇA

Graça em teologia significa **dom gratuito de Deus**. Este dom gratuito é a vida nova, de união com Cristo; ou melhor, é a condição de filho adotivo de Deus, que o torna herdeiro na glória. "De modo que já não és escravo, mas filho. E, se és filho, és também herdeiro pela graça de Deus" (Gl 4,7).

Cada um dos sete sacramentos confere esta vida ou aumenta-a por novos títulos: o Batismo a inicia; a Confirmação a enriquece e amplia com os dons do Espírito Santo; a Eucaristia a alimenta pela união à presença e ao sacrifício sacramental do Senhor; o Matrimônio a torna presente na união dos esposos; a Ordem a amplia numa configuração específica pessoal com Cristo Sumo Sacerdote; a Penitência e a Unção dos Enfermos a restituem ao pecador que a perdera, ou a aumentam a modo de força contra o pecado e de conforto na enfermidade e na morte.

É importante observar que em três sacramentos a graça ou vida divina pode absolutamente **não existir** nos que os recebem: no **Batismo**, na **Penitência**, na **Unção dos Enfermos**. Por isso, esses sacramentos são chamados **sacramentos de mortos**; ou seja, dos que estão **mortos para a vida divina**.

Mas, nos demais quatro, a vida da graça deve, imprescindivelmente, existir naqueles a quem são conferidos. A **Confirmação**, a **Eucaristia**, o **Matrimônio**, a **Ordem** exigem dos que os recebem o estado preexistente de vida divina, para que esses sacramentos a possam aumentar. E é por isto que comumente se exige a Confissão ou Penitência dos que os vão receber. Esses quatro sacramentos são chamados **sacramentos de vivos**, isto é, **vivos pela vida graça**.

O CARÁTER

O **caráter**, segundo a teologia, é um **sinal distintivo** que se imprime n'alma[4] de modo indelével. Esse sinal distintivo e indelével é impresso pelos sacramentos do **Batismo**, da **Confirmação** e da **Ordem**. Importa dizer que ele é uma configuração específica com Cristo, distinta da graça. Pode-se perder a graça pelo pecado, o caráter não se perde jamais.

No **Batismo**, o caráter é a configuração como **filho adotivo de Deus**. Na **Confirmação**, ele é o **signo do Espírito**

---

[4] *"Character enim significare videtur quoddam signum distincTivum"* — ensina STO. TOMÁS. Importante ler toda a Q. LXIII da IIIa. P. da *Summa Theologiae*.

Santo que confirma o adulto como **testemunha de Cristo** no mundo. Na **Ordem**, ele é a configuração do homem como **Ministro do poder santificador** que está em Cristo.

Essa tríplice configuração a Cristo é a tríplice participação no seu sacerdócio único: como simples cristão, para oferecer dons e sacrifícios a Deus; como confirmado, para anunciar e testemunhar Jesus Cristo; como Ministro ordenado, para exercer o poder santificador na Igreja.[5]

A EFICÁCIA DOS SACRAMENTOS

A teologia católica sempre ensinou que os sacramentos têm, por si mesmos, eficácia para produzir a graça e o caráter. Uma vez realizado o ato sacramental validamente, seguem-se os efeitos, independentemente das disposições dos próprios ministros. O padre pode estar em pecado, que os sacramentos por ele administrados santificam e salvam os fiéis.

É o que ficou consagrado na tradicional expressão latina: os sacramentos produzem seus efeitos "ex opere operato"; operado o ato sacramental, seguem-se os efeitos.

Explanando melhor: a eficácia do sacramento está no próprio sinal que ele é da presença do Espírito Santo, que

---

[5] Sobre o *caráter* fala também o *Catecismo de Trento,* no § X do Cap. XIV. Cf. texto francês cit., p. 192 e ss.

o informa, como já dissemos noutro lugar. A eficácia sacramental não depende do ministro que confecciona o sacramento, mas de Cristo presente no ministro. "Pedro batiza... é Cristo quem batiza" — dizia Sto. Agostinho.

Entretanto, quando se afirma que os sacramentos produzem seus efeitos "ex opere operato", isto não exclui, antes supõe as boas disposições de quem os recebe. Não quer isto dizer que o sacramento opere de modo automático ou de maneira mágica, independentemente da atitude interior do homem. Pois, se de um lado a santidade do ministro não é de importância decisiva, de outro lado, é indispensável o papel da fé e da prontidão do coração daquele que recebe o sacramento. Trata-se de encontro com o Senhor. "E o encontro verdadeiro não pode provir de um lado só. O Senhor é fiel: garante-o o próprio sacramento. Mas Ele não pode salvar-nos sem nós, isto é, sem a nossa colaboração generosa."[6]

RESUMINDO

1. Os sacramentos se compõem de uma **matéria** sensível e de uma **palavra** ou **forma**, que lhes confere o verdadeiro sentido de sinal sacramental.

---
[6] *A fé para adultos — O Novo Catecismo,* Ed. Herder, p. 296.

2. Todos os sacramentos produzem o efeito da **graça**, que é **vida nova em Cristo**; três deles (o Batismo, a Crisma e a Ordem) produzem também o **caráter** indelével, ou configuração específica com Cristo.

3. A eficácia que produz estes efeitos é inerente aos próprios sacramentos, devido ao Espírito Santo que neles atua. Mas supõe nas pessoas as disposições de fé e abertura para Deus.

POR QUE SÃO SETE OS SACRAMENTOS

Desde a infância aprendemos que são sete os sacramentos da Igreja. Isso foi decorado e repetido, sem que entendêssemos bem o que significava. Ainda hoje a maioria dos católicos recebe os sacramentos, mas nem sequer se interroga por que são sete, ou se poderiam ser mais.

OS SACRAMENTOS NÃO FORAM SEMPRE SETE

Nos tempos passados, anteriormente ao século XII, não se enumeravam sete sacramentos. Nem a noção doutrinária de sacramento era tão estrita e formalizada.

Observa um pesquisador do assunto: "Como na Sagrada Escritura, falta também na Igreja dos primeiros séculos o conceito de sacramento. Certamente a partir dos padres apostólicos, em toda a Patrística, há afirmações sobre o Batismo, a Eucaristia; entretanto, estas 'ações', conhecidas pela Igreja, não estavam ainda agrupadas sob o conceito geral de sacramentos, nem separadas de outras ações não sacramentais. Igualmente a Patrística não conheceu uma 'doutrina geral dos sacramentos'. Até o fim do século XII, mesmo o número de sete não foi uma coisa fixa".[1]

Já dissemos que, de início, se identificavam as noções de **sacramento** e **mistério**. Tudo o que era sagrado, arcano, sublime, na comunicação de Deus com os homens, era sacramento ou mistério.

Por isso, sacramento era todo o mistério da salvação e cada etapa deste mistério.

Só a partir do século XII, com Hugo de São Vítor, tomam-se como tais sete gestos ou celebrações da Igreja, que se formalizam como sacramentos. São os atuais.

O magistério da Igreja assumiu esta doutrina oficialmente, primeiro no Sínodo de Lyon (1274), depois no Concílio de Florença (1439) e, enfim, no Concílio de Trento (1547).

PARA ENTENDER A DEFINIÇÃO TRIDENTINA

A definição do Concílio de Trento é um dogma: "Os sacramentos da Nova Lei são sete, nem mais nem menos, a saber: o batismo, a confirmação, a eucaristia, a penitência, a extrema-unção, a ordem e o matrimônio" (Sessão VII, Cân. I).

Como entender esta definição? Parece-me que se pode elucidá-la da seguinte forma.

---

[1] H. R. SCHLETTE, em *Dicionário de Teologia,* Ed. Loyola, Vol. V, verbete *Sacramento,* p. 133.

Não se pode negar que haja sete sacramentos essenciais, a formarem um todo, um conjunto, em ordem à salvação na Igreja.

Quem disser que são menos, negando algum dos sete, incorre em heresia. E quem afirmar que só sete não satisfazem, são precisos ainda mais outros para que se perfaça a salvação no conjunto da vida, também comete heresia.

Tal definição deve ser entendida no contexto de um Concílio celebrado contra a Reforma protestante. Para os reformadores, havia somente dois ou três sacramentos, os que explicitamente Jesus menciona: O Batismo, a Ceia, o Perdão dos pecados; e ainda assim, para eles, esses sacramentos eram meros símbolos, sem eficácia, pois a justificação, segundo eles, provinha exclusivamente da fé.

O Concílio situa-se no ponto de vista de que a justificação se faz pela **graça**, que exige sem dúvida a fé, mas graça que se recebe pelos **sacramentos**. E estes são um conjunto do processo salvífico, que penetra todos os aspectos da existência humana, individual e social, considerada em sete etapas essenciais dentro da Igreja.

SETE, UM NÚMERO DE PLENITUDE

É fácil averiguar que o número sete é escriturístico. Sete são os dias da semana: em seis criou Deus o mundo, e, no sétimo, repousou de sua obra (Gn 2,2). Por isso, segundo a

Lei, "trabalharás seis dias, mas o sétimo será um dia de descanso completo consagrado ao Senhor" (Êx 35,2). Sete vezes ao dia o salmista louva ao Senhor (Sl 118,164). O autor dos Provérbios reconhece que o justo cai sete vezes, mas depois se reergue (Pr 24,16). Deus ameaçou seu povo de castigos sete vezes mais pelos seus pecados (Lv 26,18). Isaías profetiza que o sol brilhará sete vezes mais no dia em que o Senhor, nos tempos messiânicos, libertar seu povo (Is 30,26). Esses são alguns exemplos do A.T.

Em o N.T., são dignos de nota os tópicos seguintes. Sete são os primeiros diáconos escolhidos (At 6,3). Sete as Igrejas às quais João dirige as mensagens do Apocalipse (Ap 1,4). Na visão que tem, João vê Cristo entre sete candelabros, tendo na mão direita sete estrelas (Ap 1,13 e 16), e os candelabros são as sete Igrejas, e as sete estrelas os Anjos destas Igrejas. Noutra visão, vê sete Anjos aos quais são dadas sete trombetas, cujo clangor importa em sete castigos, e, quando soar a sétima trombeta, "cumprir-se-á o mistério de Deus, de acordo com a boa-nova anunciada pelos profetas" (Ap 8; 10,7).

Sob esse simbolismo do número sete, está sempre oculto o sentido de plenitude, de totalidade, que o leitor poderá facilmente aplicar aos textos. Não é de estranhar que, mais tarde, a catequese nos ensine que são sete os dons do Espírito Santo, são sete os vícios capitais, são sete os mandamentos da Igreja, e são sete os sacramentos.

SETE SACRAMENTOS, A PLENITUDE DA VIDA DA GRAÇA

Rememoremos agora a explicação luminosa do "Catecismo do Concílio de Trento": "Os Sacramentos da Igreja católica, conforme os testemunhos da santa Escritura, a tradição dos Padres e a decisão dos Concílios (Conc. Trid. Sess. 7, can. I), são em número de sete. Mas por que sete, nem mais nem menos? Eis uma razão bastante plausível, tirada da analogia que existe entre a vida natural e a vida espiritual. Para viver, para conservar a vida, para a empregar utilmente, tanto para si mesmo quanto para a sociedade, o homem precisa de sete coisas: é preciso que ele nasça, que cresça, que se alimente, que se cure quando adoece, que repare suas forças quando elas se abatem; além disso, do ponto de vista social, é preciso que não faltem nunca magistrados revestidos de autoridade necessária para dirigir, e, enfim, que se perpetue o homem e o gênero humano pela geração legítima dos filhos. Ora, essas sete condições parecem corresponder bem à vida espiritual, ou seja, à vida da alma diante de Deus. Por conseguinte, é fácil encontrar em tudo o que acabamos de expor a razão do número dos Sacramentos".[2]

---

[2] *Catéchisme du saint Concile de Trente,* ed. cit., p. 183-184.

RESUMINDO

1. A definição dogmática de sete sacramentos representa o resultado de uma evolução do pensamento teológico e a condenação dos erros da Reforma.

2. Sete sacramentos significam a totalidade do processo salvífico aplicado à existência individual e social do homem.

3. Sete pontos nucleares de nossa existência aos quais correspondem sete etapas de salvação, ou sacramentos: nascimento-batismo; crescimento-confirmação; nutrição-eucaristia; pecado-penitência; doenças-unção dos enfermos; vivência na Igreja-ordem; perpetuação da espécie-matrimônio.

OS SACRAMENTOS, CELEBRAÇÃO DA VIDA EM CRISTO E NA IGREJA

No plano da fé, a vida tem novo sentido. Deixa de ser simplesmente material e torna-se transcendente e sobrenatural. Quando Jesus falou: "Eu vim para que tenham a vida, e a tenham em mais abundância" (Jo 10,10), ele se referia à vida neste novo sentido. É a vida **unida sobrenaturalmente** a Deus.

Essa vida, ele a alcançou para nós quando morreu no Calvário. E ela é aplicada, através dos séculos, a cada pessoa e à comunidade que crê, pelos Sacramentos da Igreja.

SENTIDO SOCIAL E COMUNITÁRIO

Assim, os sacramentos, recebidos por indivíduos, repercutem na própria comunidade em que vivem — a Igreja. Têm uma abrangência social e comunitária.

Por isso, sete etapas da existência humana são assumidas pelos sacramentos para significar a totalidade da vida, transfigurada e santificada, individual e comunitariamente.

Pode-se, pois, dizer que os sete sacramentos são a celebração da vida, em sua dimensão sobrenatural, em Cristo e na Igreja.

E é por isso que eles são ritos, são símbolos significativos, e são festa, são alegria. Mesmo o sacramento da Penitência é celebração da misericórdia do Senhor que nos perdoa.

OS SACRAMENTOS NÃO SÃO SOMENTE EXTERIORIDADES

Por força deste caráter festivo, alguns sacramentos ganham relevo na celebração externa, não pertinente à liturgia. Isto se dá com aqueles que mais falam à sensibilidade pessoal e social: o Matrimônio, a Primeira Eucaristia e, hoje também, o Batismo e a Crisma.

A exterioridade com que os cercam por vezes, em si justificáveis, tornam-se, não raro, nocivas do ponto de vista pastoral. Porque muitas pessoas passam a atentar unicamente para as exterioridades e se esquecem do conteúdo sacramental.

Que fica do Batismo, da Primeira Eucaristia? A vela, a roupa branca, os cânticos... talvez o retrato. Que resta da crisma? A pomposidade da presença do Bispo, aquela foto quando ele ungia a testa... Do casamento se guardam mais reminiscências: o álbum e a marcha nupcial.

É pena averiguar que o "sinal sacramental" se apagou, ou nunca foi percebido. Podia-se perguntar: qual o casal que se impressionou com o "sim" da aceitação recíproca para todo o sempre? E qual o jovem ou a jovem que traz indelével no coração aquele sinal da crisma expresso nestas palavras: "Recebe, por este sinal, o dom do Espírito Santo"?

Torna-se imprescindível que nosso esforço pastoral faça muito por ensinar ao povo cristão o valor dos sinais e o conteúdo dos sacramentos, a fim de mudar totalmente a sua celebração.

TRANSCENDER DO RITO PARA O SIGNIFICADO

Todo sacramento é uma celebração. Mas em sentido bem diferente do que o povo entende. Para o povo, a celebração está no exterior, ou melhor, na **exterioridade**. E o sacramento é celebração interior, profunda, do **significado da graça** que cada sinal exprime e realiza.

É necessário fazer com que as pessoas transcendam dos ritos para o que **a fé nos ensina**.

No Batismo, é preciso que vejam, na roupa branca, na vela acesa, no Círio Pascal, na unção do óleo santo na cabeça da criança, o sentido de renascimento, de vida nova em Cristo, de ressurreição, de entrada na Igreja.

Na Crisma, é preciso que sintam, na presença pontifical do Bispo, na imposição das mãos, na unção crismal, a vinda do Espírito Santo, o compromisso com a Igreja, a convocação ao serviço, de acordo com os dons recebidos de Deus.

Na Eucaristia, principalmente na Primeira Eucaristia, é preciso aprender o significado da unidade de todos na Igreja, em torno da mesma mesa, para oferecer o grande Sacrifício e comungar com a única Vítima que é Cristo; é preciso assumir o sentido de partilha do pão com todos os irmãos, dando sentido de oblação a toda a existência.

Na celebração da Penitência, é necessário interiorizar que a humildade de confessar, de reconhecer-se pecador, é afirmar a bondade do Pai que se reconcilia conosco em Cristo através da Igreja.

No Matrimônio, é preciso ver a configuração da união de esposo e esposa, que afirmam o seu "sim" perante a Igreja, com a união do Verbo Eterno à humanidade para fundar a família de Deus na terra. Assim, o matrimônio se entende em ordem à família, e a família se entende numa direção à Igreja, da qual é o princípio, a inauguração no plano natural.

No sacramento da Ordem, importa considerar a escolha e unção definitiva de um homem que, na sucessão dos Apóstolos, é investido de sobrenatural poder santificador, pela especial configuração com Cristo, para o ministério de dirigir e santificar a comunidade cristã.

Na Unção dos Enfermos, é relevante o conforto simbolizado no óleo, mas conforto sobretudo no plano sobrenatural, com a presença de Cristo no Presbítero que impõe as mãos, que perdoa, que ora em nome de toda a Igreja, toda ela presente no gesto sacramental.

EM CRISTO E NA IGREJA

Como se percebe, os sacramentos pertencem à ordem mistérica: colocam o homem em relação com Deus. Não são gestos, ritos, símbolos e sinais apenas evocativos de uma relação de ordem afetiva ou religiosa simplesmente natural. Não. Eles são sinais significativos e realizadores da graça, da vida nova que Jesus Cristo nos veio trazer em sua Igreja.

"Jesus Cristo, Mediador supremo entre Deus e os homens, é o mais perfeito **sinal sensível** e **eficaz** da ação salvadora de Deus... Portanto, ele é o Sacramento Primordial do Pai. Cristo Jesus, após realizar historicamente a obra de nossa libertação e da perfeita glorificação de Deus através de sua morte e ressurreição, enviou, com o Pai, o Espírito Santo à sua Comunidade-Igreja, e por ela ao mundo. Assim vivificada continuamente pela presença libertadora do Senhor ressuscitado, a Igreja é o Sacramento de Cristo, para comunicar a vida nova e propor o Projeto de Deus aos homens e ao mundo, sendo ao mesmo tempo sinal e testemunha."[1]

Por isso, só em Cristo e na Igreja é que os sacramentos existem e podem ser celebrados. Outras agremiações ou seitas podem imitar ou simular sacramentos. Mas serão ritos ineficazes, vazios de conteúdo santificante. Não têm o Espírito para se tornarem canais da graça e da salvação.

---
[1] CATEQUESE RENOVADA — *Doc. 26 da CNBB*, Ed. Paulinas, n. 220, p. 95-96.

RESUMINDO

1. Os sacramentos devem ser vistos no plano da fé, como sinais da realidade da existência humana transfigurada pela graça.

2. Os sacramentos revestem-se de aspecto social e comunitário, e é por isto que são celebrações.

3. Não nos podemos ater, em sua celebração, apenas aos ritos e cerimônias exteriores que os cercam.

4. Cada sacramento encerra uma graça própria, um aspecto santificador da existência humana, em Cristo e na Igreja.

ANOTAÇÕES PARA A PASTORAL SACRAMENTAL

Toda a vida do cristão na Igreja está ligada aos Sacramentos. Só tem vida de Igreja quem recebe e vive os Sacramentos. Separado da vida sacramental o cristão, normalmente, não convive com Deus nem com a Igreja.

Daí a importância de a nossa Pastoral levar os fiéis à **prática sacramental**. Isto é: levá-los a batizar os filhos, a crismá-los quando jovens, a participar da Eucaristia, a recorrer com frequência ao sacramento da Penitência, a se casar sacramentalmente, a chamar os Presbíteros para a Unção dos Enfermos, e a considerar na pessoa dos Ministros sagrados a presença santificadora de Cristo.

"NÃO SACRAMENTALIZAR, MAS EVANGELIZAR"

Muitas vezes já se ouviu isto. E é uma advertência oportuna. Porque "sacramentalizar" quer dizer "exagerar na dispensação dos sacramentos", sem a devida preparação.

Não se pode dar sacramentos a quem não tem as disposições para os receber. O fundamento destas disposições é a **fé consciente**, e mesmo **ativa**.

Para despertar no povo fé consciente e ativa, é preciso **evangelizar**.

Entretanto, evangelizar só, e não levar os sacramentos, sob pretexto de "não sacramentalizar", é errado também. Um povo evangelizado, consciente de sua fé e que vive a vida da Igreja, não pode deixar de alimentar e fazer crescer esta fé e esta vida. E isto não acontecerá a não ser pela **prática sacramental**.

Por isso, é preciso **evangelizar sempre** e levar o povo à **vida sacramental**.

RESPOSTA DO HOMEM À PROPOSTA DE DEUS

Deus faz uma proposta de vida santa aos homens. "Sereis santos, porque eu sou santo" (Lv 11,44).

Na Aliança antiga, essa proposta foi fundada só nos mandamentos. Na Aliança nova, por Cristo, essa proposta é feita em ordem à **vida na Igreja**. E esta vida é inseparável da **vida sacramental**. A vida da Igreja está na vivência dos sete sacramentos, que pervadem toda a existência individual e social dos cristãos.

Assim, os Sacramentos são a resposta do homem à proposta de Deus.

CONVERSÃO E FÉ

É claro que não se trata de levar o povo a receber sacramentos sem mais nem menos. A resposta a ser dada à proposta divina está alicerçada em dois requisitos: **conversão** e **fé**.

Para alguém participar da vida da Igreja e poder receber os sacramentos, deve **converter-se**. E, a partir da conversão, **viver coerentemente a fé**.

A conversão é exigência fundamental do cristianismo. "Convertei-vos porque está próximo o Reino dos céus" (Mt 4, 17) — dizia Jesus no início de sua pregação.

E que é conversão? É mudança de vida. É "nascer do alto", para a dimensão sobrenatural. Foi o que Jesus disse a Nicodemos: "Quem não nasce do alto, não pode ver o Reino de Deus" (Jo 3,3).

Portanto, converter-se é sair da dimensão terrena, material, sair de si mesmo, do egoísmo, e buscar a vida nova que Jesus apresenta, cujo início é o Batismo, com o renascimento no Espírito Santo. "Quem não nasce da água e do Espírito Santo não pode entrar no Reino de Deus" (Jo 3,5).

O Batismo é o primeiro sacramento precisamente porque é o sacramento da conversão.

Mas ele também não é possível sem a fé. E o processo de crescimento na fé acompanha toda a vida do cristão.

Consequência: a prática sacramental deve ser **fundada na fé** e deve ser **expressão de fé em Cristo e na Igreja**. Noutras palavras, receber sacramentos:

   supõe a fé;
   expressa a fé;
   alimenta a fé;
   significa vivência
    de união com a Igreja.

CATEQUESE PRÉ-SACRAMENTAL

É imprescindível que nossos fiéis se preparem devidamente para receber os sacramentos. Que conheçam o sentido teológico, o conteúdo de cada sacramento, as disposições mínimas para recebê-los. Isso se fará através de continuada catequese pré-sacramental.

Não bastam "cursinhos" de Batismo e Matrimônio, como obrigação a mais imposta aos fiéis. Acredito que os Párocos devem voltar à prática dos **catecismos para adultos**, regularmente ministrados, em determinados dias da semana, a quantos queiram conhecer melhor a religião.

EVITAR O SACRAMENTALISMO

Não poucos católicos se habituaram ao uso dos sacramentos sem receberem a catequese antecedente. Isso acontece sobretudo quanto à confissão e à comunhão. É o que chamo de "sacramentalismo": uso indevido dos sacramentos.

Inconscientemente, algumas pessoas piedosas utilizam a confissão e a comunhão como **ritos mágicos**, capazes de lhes trazer a paz e o alívio de males até físicos. Confessam-se e comungam por promessa, a fim de obter curas ou conseguir empregos. Quando não obtêm o que desejam, desesperam e descreem de tudo.

Mas o pior abuso, a meu ver, está na utilização do sacramento do Matrimônio, seja para satisfazer as conveniências sociais, seja para acobertar erros de ordem moral.

A maioria visa às cerimônias pomposas da Igreja, busca a exibição de casamentos badalados, mas não têm propósito de receber o sacramento do Matrimônio. Ou nem sabem que se trata de um sacramento.

Os que compareçem ante o altar somente porque este é o caminho para justificar a gravidez, evidentemente, não têm a disposição exigida para se unir pelo sacramento como Cristo se uniu à Igreja. E visto que tais casamentos são hoje os mais frequentes, não hesito em dizer que a própria Pastoral que os facilita incorre no "sacramentalismo", contra o qual investe tantas vezes.

É preciso advertir que casamentos celebrados em tais circunstâncias talvez não passem de **casamentos**, e jamais cheguem a **Matrimônios**, ou seja, a verdadeiros **sacramentos**, que confiram aos cônjuges a graça da união diante de Deus.

DIMENSÃO COMUNITÁRIA E LITÚRGICA E DIMENSÃO TRANSFORMADORA

Na catequese sobre os sacramentos, não se pode deixar de salientar estes aspectos.

São atos comunitários. Em cada um deles como que se envolve toda a Igreja. É a comunidade que os celebra, mesmo quando uma só pessoa os recebe.

Por isso, sacramentos são atos litúrgicos. São ações culturais quanto à sua celebração e recepção. O ministro que dá sacramentos e os fiéis que os recebem — e todos os que assistem a estes atos — estão envolvidos numa celebração litúrgica, de culto a Deus, qualquer que seja a circunstância.

Então, importa que haja gravidade, respeito, solenidade, que falem ao coração. Há ritos que devem ser executados, há cânticos e músicas que não condizem e devem ser afastados, há um respeito que fala de Deus e deve ser mantido.

Além disso, os sacramentos não têm somente uma dimensão individualista. Não são para fazer a pessoa se fechar em si mesma, à busca de um Deus longínquo e estranho.

Porque vivência de Igreja, eles devem alargar o espírito dos fiéis para uma coparticipação; devem levá-los, do encontro com o Deus vivo, para o encontro com um mundo que morre à míngua de Deus.

Todo sacramento participado deve ser comparticipado, arrastando o cristão a transformar o meio em que vive. "Sendo os Sacramentos sinais sensíveis e eficazes da graça, visam sim à nossa santificação, à construção da Igreja, ao culto a Deus, mas vão mais longe, devendo repercutir de forma dinâmica e libertadora nas relações interpessoais, na estruturação mais justa da sociedade e na ação do homem sobre a história e o mundo."[1]

RESUMINDO

1. A pastoral sacramental deve partir de uma continuada e eficiente catequese sacramental. Mas não pode deixar de conduzir à prática e vivência sacramental.

2. Vivência sacramental supõe conversão sincera a Cristo e vivência da fé na Igreja e com a Igreja.

3. É preciso conter o sacramentalismo mágico, tão frequente nas camadas populares pouco instruídas.

4. Total mudança se torna necessária nas motivações pelas quais se buscam os casamentos na Igreja e na modalidade profana de sua celebração.

5. Participar dos sacramentos, ou administrá-los, é celebração litúrgica e ato de culto a Deus.

6. A vida sacramental impõe compromisso transformador do mundo.

---
[1] CATEQUESE RENOVADA — *Doc. 26 da CNBB*, n. 222, p. 97.